BEI GRIN MACHT SICH IHR WISSEN BEZAHLT

- Wir veröffentlichen Ihre Hausarbeit,
  Bachelor- und Masterarbeit

- Ihr eigenes eBook und Buch -
  weltweit in allen wichtigen Shops

- Verdienen Sie an jedem Verkauf

Jetzt bei www.GRIN.com hochladen und kostenlos publizieren

Bibliografische Information der Deutschen Nationalbibliothek:

Die Deutsche Bibliothek verzeichnet diese Publikation in der Deutschen National-
bibliografie; detaillierte bibliografische Daten sind im Internet über http://dnb.d-
nb.de/ abrufbar.

Impressum:

Copyright © 2016 GRIN Verlag, Open Publishing GmbH
Druck und Bindung: Books on Demand GmbH, Norderstedt Germany
ISBN: 9783668227040

Dieses Buch bei GRIN:

http://www.grin.com/de/e-book/323505/wie-big-data-unternehmen-hilft-massge-
schneiderte-produkte-zu-entwickeln

Christina Wiese

Wie Big Data Unternehmen hilft maßgeschneiderte Produkte zu entwickeln. Eine Betrachtung am Beispiel von Netflix

GRIN Verlag

GRIN - Your knowledge has value

Der GRIN Verlag publiziert seit 1998 wissenschaftliche Arbeiten von Studenten, Hochschullehrern und anderen Akademikern als eBook und gedrucktes Buch. Die Verlagswebsite www.grin.com ist die ideale Plattform zur Veröffentlichung von Hausarbeiten, Abschlussarbeiten, wissenschaftlichen Aufsätzen, Dissertationen und Fachbüchern.

Besuchen Sie uns im Internet:

http://www.grin.com/

http://www.facebook.com/grincom

http://www.twitter.com/grin_com

TBWL / Marketing
Wirtschaftsinformatik II
Wintersemester 2015/2016

Wie Big Data Unternehmen hilft maßgeschneiderte Produkte zu entwickeln - eine Betrachtung am Beispiel von Netflix

Christina Wiese

Department Wirtschaft
HAW Hamburg

Abstract: Big Data liefert den Unternehmen die Informationen, die sich benötigen, um ihre Produkte entsprechend der Konsumentenbedürfnisse zu individualisieren – hierin liegt ein großes Potenzial. Doch es zeigt sich, dass viele Unternehmen noch nicht den richtigen Ansatz gefunden haben, um diese neu gewonnenen Möglichkeiten zu nutzen. Netflix ist auf diesem Gebiet Vorreiter und zeigt, wie sich durch die gezielte Verwendung von Daten Wettbewerbsvorteile gewinnen lassen.

Keywords: Big Data, Netflix, maßgeschneiderte Produkte, Konsumentenverhalten, Daten, Verhaltensanalyse, datenbasierte Entscheidungen, Analytics, Kundenwünsche

Inhaltsverzeichnis

Abbildungsverzeichnis

1 Einleitung

„Daten sind der Rohstoff unserer Zeit. Sie helfen Unternehmen, Bedürfnisse ihrer Kunden besser zu verstehen, die passenden Produkte zu entwickeln und sich damit nicht weniger als zukunftsfähig zu machen." (BITKOM Research GmbH im Auftrag der KPMG AG Wirtschaftsprüfungsgesellschaft, 2015, S. 5)

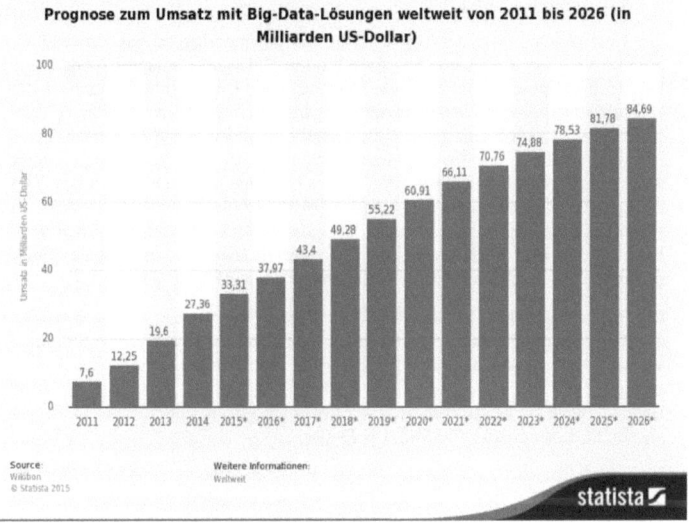

Abb. 1: Prognose zum Umsatz mit Big-Data-Lösungen weltweit von 2011 bis 2026 (Quelle: Statista)

Es wird prognostiziert, dass der Umsatz mit Big-Data-Lösungen weltweit bis 2026 knapp 85 Millionen US-Dollar ansteigen wird, laut Quelle wird schon im Jahr 2016 mit Big-Data-Lösungen ein Umsatz von rund 38 Milliarden US-Dollar erzielt werden (siehe Abbildung).[1]

„Wenn man sich das atemberaubende Wachstum einiger Unternehmen bzw. Marken über die letzten Jahre ansieht, lässt sich feststellen, dass all dies Unternehmen sind, die Daten auf eine neue, intelligente Art und Weise nutzen", sagte Brian Kardon, CMO von Lattice Engines, einem Unternehmen, welches prädiktives Lead-Scoring anbietet.[2]

Ein Unternehmen, welches Big Data bereits gewinnbringend zur Anwendung bringt, ist das amerikanische Subscription-Video-on-Demand-Unternehmen Netflix Inc. Subscription-Video-on-Demand, oder kurz SVoD, bezeichnet die Dienstleistung, einen unbegrenzten Zugang zur digitalen Bibliothek von Videoinhalten gegen eine monatliche Gebühr zu gewähren. Das Herzstück des Dienstes ist dabei der Empfehlungsalgorithmus, der den Abonnenten immer wieder Serien und Filme entsprechend ihres Nutzungsverhaltens vorschlägt. Ziel ist es, den Nutzer möglichst lange zum Verweilen zu bringen und das Gefühl zu vermitteln, immer genau zu wissen, was der Nutzer als nächstes sehen will. Doch Netflix geht noch weiter: auf Basis der Analysen werden eigene Serien produziert. So geschehen mit der preisgekrönten Serie *House of* Cards.

Die Entscheidung zur Produktion und zur Besetzung entstand, „[...] weil Netflix die Nutzer genau beobachtete und herausfand, dass sie sich gerne Politdramen ansehen, den Regisseur David Fincher und den Schauspieler Kevin Spacey mögen." (Fichter, 2014) Ungewöhnlich für die Branche wurde direkt eine gesamte Staffel mit 13 Folgen abgedreht, Kostenpunkt 100 Mio. US-Dollar.

Im Folgenden wird zunächst der Begriff Big Data erläutert, mit dem Ziel ein allgemeines Verständnis zu schaffen, um nachfolgend einen Kontext zur Verhaltensanalyse darzustellen und die hieraus resultierenden Chancen für Unternehmen ins Licht zu rücken.

Aufbauend hierauf wird ein Blick auf das Unternehmen Netflix geworfen. Im Speziellen wird der Algorithmus bzw. die Art und Weise der Erhebung und Verwendung der Daten beleuchtet. Abschließend wird anhand des Beispiels der

---

[1] Wikibon. (n.d.). Prognose zum Umsatz mit Big-Data-Lösungen weltweit von 2011 bis 2026 (in Milliarden US-Dollar). In Statista - Das Statistik-Portal. Zugriff am 01. Januar 2016, von http://de.statista.com/statistik/daten/studie/265253/umfrage/prognose-zum-umsatz-mit-big-data-loesungen-weltweit/.

[2] Eigene Übersetzung: *„If you look at the mind-blowing growth of brands over the past couple of years, they're all brands that use data in new, intelligent ways, " said Brian Kardon, CMO of predictive lead scoring company Lattice Engines.* (Russel Glass, 2015, S. 89)

Serie *House of Cards* dargestellt, wie maßgeschneiderte Produkte mit Hilfe von Daten entstehen.

Zielsetzung der Arbeit ist es aufzuzeigen, inwiefern Unternehmen, hier im speziellen Netflix, schon heute Daten und besondere Analysen heranziehen, um ihre Produkte passgenau auf die Bedürfnisse der Konsumenten abzustimmen.

2 Big Data

Laut dem *Technology Trends Index* von KPMG, welcher die größten Technologietrends in acht Industriesektoren betrachtet und einstuft, gehört das Thema *Big Data und Analytics* zu den drei populärsten Trends.[3] Zunächst soll betrachtet werden, was sich hinter diesem Thema verbirgt.

2.1 Begriffsbestimmung

„Big Data bezeichnet die wirtschaftlich sinnvolle Gewinnung und Nutzung entscheidungsrelevanter Erkenntnisse aus qualitativ vielfältigen und unterschiedlich strukturierten Informationen, die einem schnellen Wandel unterliegen und in bisher ungekanntem Umfang anfallen." (BITKOM Bundesverband Informationswirtschaft, Telekommunikation und neue Medien e. V., 2012, S. 7) Big Data besteht dabei im Wesentlichen aus vier Merkmalen:

- „Datenmenge (Volume): Immer mehr Organisationen und Unternehmen verfügen über gigantische Datenberge, die von einigen Terabytes bis hin zu Größenordnungen von Petabytes führen.

- Datenvielfalt (Variety): Unternehmen haben sich mit einer zunehmenden Vielfalt von Datenquellen und Datenformaten auseinanderzusetzen. Aus immer mehr Quellen liegen Daten unterschiedlicher Art vor, die sich grob in unstrukturierte, semistrukturierte und strukturierte Daten gruppieren lassen. Gelegentlich wird auch von polystrukturierten Daten gesprochen. Die unternehmensinternen Daten werden zunehmend durch externe Daten ergänzt, beispielsweise aus sozialen Netzwerken.

- Geschwindigkeit (Velocity): Riesige Datenmengen müssen immer schneller ausgewertet werden, nicht selten in Echtzeit. Die Verarbeitungsgeschwindigkeit hat mit dem Datenwachstum Schritt zu halten. Damit sind folgende Herausforderungen verbunden: Analysen großer Datenmengen mit Antworten im Sekundenbereich, Datenverarbeitung in Echtzeit, Datengenerierung und Übertragung in hoher Geschwindigkeit.

- Analytics: Analytics umfasst die Methoden zur möglichst automatisierten Erkennung und Nutzung von Mustern, Zusammenhängen und Bedeutungen. Zum Einsatz kommen u.a. statistische Verfahren, Vorhersagemodelle, Optimierungsalgorithmen, Data Mining, Text- und Bildanalytik. Bisherige Datenanalyse-Verfahren werden dadurch erheblich erweitert." (BITKOM Bundesverband Informationswirtschaft, Telekommunikation und neue Medien e. V., 2014, S. 12)

---

[3] Vgl.: http://technologytrendsindex.kpmg.com; Abgerufen am 25. Dezember 2015

An dieser Stelle kann noch über zwei weiterführende Aspekte nachgedacht werden: den zu erwartenden Mehrwert (Value) und die inhaltliche Qualität der Daten (Validity). „Mit *Value* von Big Data ist hier der unternehmerische *Mehrwert* gemeint, den die Auseinandersetzung mit dem *Phänomen Big Data* erbringen muss." (Ronald Bachmann, 2014, S. 28) Die Validity meint hier die Widerspruchsfreiheit der Daten, also die Sicherstellung der *Validität* der Daten.
[4]

Zum Verständnis sollte ergänzt werden, dass wir alle „Generatoren" von Big Data sind. Jeder einzelne erzeugt unablässig Daten, beispielsweise durch das Versenden unverschlüsselter E-Mails, durch die Nutzung von Facebook und Apps jeglicher Art, durch das Nutzen des Navigationsgeräts auf dem Handy, durch das Bezahlen mit der EC-Karte. Den Zusammenhang zwischen Datenerzeugung, Datenverarbeitung und Datennutzung wird in der folgenden Abbildung *Big-Data-Primärkreislauf* skizziert.

---

[4] Vgl.: Ronald Bachmann, 2014, S. 29

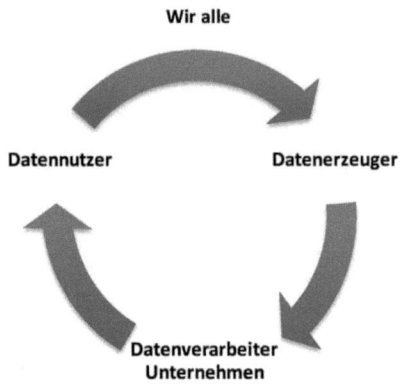

Wir alle

Datennutzer   **Datenerzeuger**

Datenverarbeiter
Unternehmen

Abb. 2: Big-Data-Primärkreislauf
(In Anlehnung an: Ronald Bachmann, 2014, S. 37)

Unternehmen nutzen und verarbeiten die zur Verfügung stehenden Daten, um ihre Produkte und Services weiterzuentwickeln. „Durch den Gebrauch von (weiterentwickelten und innovativen) Produkten, Services und Kommunikationsmedien liefern wir alle wiederum Daten in den Kreislauf. Dadurch wachsen die Datenbestände exponentiell an und Big Data entsteht." (Ronald Bachmann, 2014, S. 23)

2.2 Big Data und die Verhaltensanalyse

Big Data liefert Unternehmen somit viele Chancen: neben der Entwicklung völlig neuer Geschäftsmodelle, Schaffung von Transparenz oder großem Potential in der Prozessoptimierung werden Unternehmen in die Lage versetzt, ihre Kunden genau zu analysieren und somit ihr Produkt- und Serviceangebot besser am realen Bedarf auszurichten. Auf den letztgenannten Punkt soll in den nachfolgenden Ausführungen im Besonderen eingegangen werden.

Mit Hilfe von Big Data kann in bisher nicht da gewesener Präzision und Schnelligkeit auf Veränderungen am Markt reagiert werden und Produkte und Dienstleistungen an die Bedürfnisse und Wünsche der Konsumenten angepasst werden. „Neueste Informationen über Märkte, Trends und Kundenbedürfnisse sind damit die Grundlage für die Entwicklung völlig neuer Services." (BITKOM Bundesverband Informationswirtschaft, Telekommunikation und neue Medien e. V., 2012, S. 11)

Die großen Mengen an unterschiedlich strukturierten Daten stellen die Analytik vor die anspruchsvolle Aufgabe Prognosen über das zukünftige Verhalten von Einzelpersonen und Gruppen aufzubauen. „Durch die Möglichkeit zur Verhaltensanalyse und Verhaltensprognose dringt die Analyse von Personendaten in eine völlig neue Dimension vor." (Ronald Bachmann, 2014, S. 34) Diese Analysen liefern Antworten auf die Fragen: *Was kaufte ein Kunde am häufigsten? Was könnte die Lieblingsfarbe des Kunden sein? Welche Produktkombinationen interessieren den Kunden? Wann, wo und von welchem Endgerät greift ein Kunde zu?* In diesem Zusammenhang werden aber noch viel mehr Daten erfasst, so genannte *„Interaktions-* und *Beobachtungsdaten."*[5] Die Daten erlauben dann wiederum Aussagen darüber wo sich der Kunde aufhält, von wo nach wo er sich bewegt, wann der Kunde bestimmte Services abfragt oder Produkte kauft.

„Durch die Analyse dieser Daten werden zum Beispiel persönliche Bewegungsprofile und in letzter Konsequenz regelrechte Psychogramme möglich, die Prognosen über das zukünftige Verhalten von Personen und Personengruppen zulassen." (Ronald Bachmann, 2014, S. 37-38)

Diese Psychogramme liefern den Unternehmen die Basis zur Entwicklung maßgeschneiderter Produkte.

---

[5] Vgl.: Ronald Bachmann, 2014, S. 36

3 Netflix

Wie einleitend erwähnt bietet Netflix, welches 1997 in Kalifornien (USA) gegründet wurde, einen so genannten SVoD-Dienst an. Diese Dienste scheinen den Nerv der Zeit der heutigen Konsumenten zu treffen – immer weniger Menschen lassen sich den Tagesrhythmus von einer 20-Uhr-Tagesschau diktieren – die Sendung wird einfach später über einen Stream abgerufen, wenn es dem Konsumenten passt.

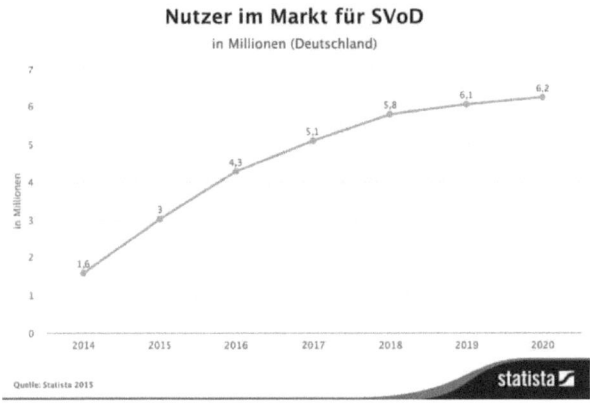

Abb. 3: Nutzer im Markt für SVoD (Quelle: Statista 2015)

12

Nicht verwunderlich ist es daher, dass der Umsatz im Segment SVoD im Jahre 2016 in Deutschland etwa 132,1 Millionen Euro betragen wird und die Anzahl der Nutzer bis 2020 laut Prognose auf 6,2 Mio. ansteigen soll (siehe Abbildung). Weltweit hat Netflix bereits 69,17 Mio. Abonnenten und Digital TV Research erwartet, dass Netflix im Jahr 2020 mehr als 114 Millionen Abonnenten haben wird.[6]

Steigende Nutzerzahlen bedeuten auch immer steigende Datenmengen, die zu Analysen herangezogen werden können, um das Angebot noch zu verfeinern. Laut Larry Rosenberg, Autor des Buches *The Deciding Factor - The Power of Analytics to Make Every Decision a Winner,* ist Netflix eines der besten Beispiele eines Unternehmens, welches es geschafft hat die eigene Branche durch die Verwendung von Internet und Analytics auf den Kopf zu stellen.[7]

Was Netflix von anderen Anbietern auf dem Markt differenziert ist vor allem der bereits erwähnte Empfehlungsalgorithmus, auf den im Folgenden tiefergehend eingegangen wird.

3.1 Die Datensammelmaschine

Der eigentliche Nutzen und die ursprüngliche Intention zur Sammlung und Auswertung des Nutzerverhaltens war und ist es, den Abonnenten Serien und Filme vorzuschlagen, von denen Netflix glaubt, dass sie dem jeweiligen Nutzer individuell gefallen werden. Ziel ist es hierbei immer, den Nutzer möglichst lange auf der Plattform zu halten und die Userexperience so positiv zu gestalten, dass derjenige langfristig Abonnent bleibt.[8]

An dieser Stelle soll deshalb erst allgemein auf den Empfehlungsalgorithmus eingegangen werden, im nachfolgenden Abschnitt wird dann aufbauend aufgezeigt, auf welche Weise diese Daten genutzt werden, um eigene Produkte zu entwickeln.

Insgesamt sind, laut Angaben des Unternehmens, ungefähr 75% der Serien und Filme, die ein Nutzer ansieht, auf die Empfehlungen zurückzuführen. (Xavier Amatriain, 2012) Diese Empfehlungen basieren auf vielerlei Daten: die vom Nutzer angegebenen Präferenzen, Bewertungen, die Historie der angesehenen Serien und Filme und sogar die Vorschläge von Freunden, die Netflix über die Verbindung zu Facebook in den Algorithmus einfließen lässt.

---

[6] Digital TV Research. (n.d.). Anzahl der Netflix-Abonnenten weltweit in den Jahren 2010 und 2014 und Prognose bis 2020 (in Millionen). In Statista - Das Statistik-Portal. Zugriff am 01. Januar 2016, von http://de.statista.com/statistik/daten/studie/493089/umfrage/anzahl-der-netflix-abonnenten-weltweit/.

[7] Eigene Übersetzung: „*Netflix [...] is one of the best examples of a company that disrupted an industry by using the Internet and analytics.*" (Larry Rosenberger, 2009, S. 35)

[8] In Anlehnung an: (Xavier Amatriain, Netflix Recommendations: Beyond the 5 stars (Part 1), 2012)

Doch Netflix geht noch weiter und teilt jeder Serie und jedem Film eine passende Auswahl aus abertausenden Genres und Subgenres zu. Diese Genres reichen von den allgemein bekannten Kategorien *Komödie, Krimi* oder *Thriller* bis hin zu sehr kleingliedrigen, detaillierten Beschreibungen wie *Düstere Serien* oder *Filme über Zeitreisen in den 1980ern*. Doch die Filme und Serien sind nicht nur mit einer Vielzahl an aussagekräftigen Genres versehen, sondern es wird auch ein ganzer Katalog an Metadaten hinterlegt, wie z.b. Schauspieler, Regisseur oder Farbschemata. Auch externe Quellen werden herangezogen, beispielsweise werden Bewertungen von Filmkritikern berücksichtigt.[9]

Das Unternehmen registriert weiterhin, die Interaktion des Nutzers mit den Empfehlungen: wie lange wird nach einem Film gesucht; wie lang ist die Verweildauer auf einer bestimmten Seite; wann wird vor- oder zurückgespult oder Pause gemacht; an welchen Tagen und zu welcher Zeit werden auf welchem Gerät welche Art von Filmen angesehen. Es wird aufgezeichnet, ob ein Serie oder ein Film komplett angesehen wurde oder nur teilweise, und ob mehrere Folgen einer Serie hintereinander geguckt werden.

Darüber hinaus betrachtet Netflix auch die Daten innerhalb von Filmen. Hierzu werden verschiedene Screenshots aufgenommen und hinsichtlich der herausstechenden Charakteristiken analysiert. Dies sind beispielsweise Farbschemata, Kulisse bzw. Landschaft und Lautstärke.

All dies und ergänzende demografische Daten bilden eine hervorragende Datenbasis – allerdings stellt die reine Menge und Vielfältigkeit der Datentypen gleichzeitig hohe Anforderungen an das zu wählende Datenmodell. Jedes Mal, wenn ein Nutzer eine Serie oder einen Film beginnt, wird ein „View" im Datensystem von Netflix erzeugt und eine Zusammenstellung der oben beschriebenen Informationen wird generiert. Dies erfordert ein extrem robustes und störungsarmes System. Netflix stützt sein System auf die minimale Anzahl erforderlicher Anwendungsfälle als eine alles umfassende Lösung anzustreben. Wie zuvor bereits beschrieben, gehören zu diesen Anwendungsfällen: Titel, die angesehen wurden; ob diese Titel vollständig oder nur zu einem Teil angesehen wurden usw. Es soll an dieser Stelle nicht weiterführend auf die Architektur des Datenmodells von Netflix eingegangen werden, da dies den Rahmen der vorliegenden Arbeit überschreiten würde und für die Beantwortung der Fragestellung einen untergeordneten Stellenwert hat.

Zur Auswertung all dieser Daten bedient sich Netflix einer Vielzahl an Methoden, unter Anderem Clustering-Algorithmen nach K-Means, verschiedene Regressionsanalysen oder der Markow-Kette.[10] Diese Analysen verfolgen überwiegend präskriptive Ziele, das bedeutet, sie folgen der Leitfrage: Was sollen wir tun? Wohingegen die überwiegende Anzahl der Unternehmen,

---

[9] In Anlehnung an: (Bulygo, 2013)
[10] In Anlehnung an: (Xavier Amatriain, Techblog Netflix, 2012)

nämlich 43 %, laut der KPMG-Studie *Mit Daten Werte schaffen – Report 2015,* nach wie vor auf deskriptive Analysen zurückgreife, also die Gründe von Erfolg oder Misserfolg mittels historischer Daten zu ergründen versucht.

Zur Anwendung kommen all diese Konsumentendaten und weiterführenden Informationen dann in einem A/B-Test. „Der A/B-Test ist eine Testmethode, um die Reaktionen von Testpersonen auf zwei unterschiedlicher Varianten, wie zum Beispiel eines Produkts, einer Webseite, eines E-Mailings, eines Bestellprozesses einer Website oder auch einer Grafik, zu ermitteln." (Wolfgang Jaspers, 2011)

Laut dem Techblog von Netflix erfolgt die Durchführung dieser Tests in vier Schritten:

1. Aufstellung einer Hypothese

2. Entwicklung eines Testmodells & Prototyps

3. Durchführung des Tests

4. Auswertung der gewonnenen Daten[11]

Eine Hypothese könnte zum Beispiel sein, dass ein bestimmtes Design oder ein neues Feature die Bindung der Nutzer an den Service erhöht. Im zweiten Schritt wird dann ein Prototyp entwickelt und die abhängigen Variablen und Einflussgrößen betrachtet. Die Durchführung erfolgt anschließend so, dass einem Teil der Nutzer Variante A und einem anderen Teil der Nutzer Variante B präsentiert wird und alle relevanten Interaktionen und Reaktionen aufgezeichnet werden. Diese Tests haben normalerweise tausende Teilnehmer und zwei bis zu 20 Variationen der ursprünglichen Grundidee.

Der Vorteil dieser Tests ist zum einen, dass auch radikale Herangehensweisen getestet werden können und zum anderen: die Entscheidungsfindung basiert auf Daten von bereits vorhanden Nutzern des Service!

An dieser Stelle werden dann Erkenntnisse aus deskriptiven und prädiktiven Analysen kombiniert und Handlungsempfehlungen abgeleitet. Diese Zusammenführung des großen Datenpools und dessen systematische Auswertung ergibt einen großen Erkenntnisgewinn über Trends, Kundenbedarfe, Nutzungsgewohnheiten, Vorlieben und Wünsche.

3.2   Der nächste Schritt: maßgeschneiderte Produkte

Daten und Informationen waren schon immer wichtig für Unternehmen, beispielsweise um Preisentscheidungen zu treffen oder die zu produzierende

---

[11] In Anlehnung an: (Xavier Amatriain, Netflix Recommendations: Beyond the 5 stars (Part 2), 2012)

Stückzahl eines Produkts zu bestimmen – diese Art der Datenverwendung ist in Unternehmen hinreichend bekannt. Big Data liefert in diesem Zusammenhang noch weitreichendere Chancen: die zielgerichtete Nutzung und Auswertung der zur Verfügung stehenden Daten liefert die nötigen Informationen für eine flexible Anpassung der Produktion von Produkten und Dienstleistungen an individuelle Kundenwünsche.

Larry Rosenberger, Autor des Buches *The Deciding Factor - The Power of Analytics to Make Every Decision a Winner,* stellte fest, dass Unternehmen, die umfassende Analysen durchführen und Entscheidungen auf Basis von tiefem Verständnis des Konsumentenverhaltens – basierend auf Milliarden von Interaktionen zwischen Nutzer und Unternehmen – treffen, in der Lage sind, besser auf individuelle Präferenzen und Wünsche einzugehen [...].[12]

Wie einleitend erwähnt, entschied Netflix David Fincher bei der Serie *House of Cards* Regie führen zu lassen, weil die Daten verrieten, dass er als Regisseur besonders beliebt ist. Außerdem erfreut sich Kevin Spacey großer Beliebtheit und wurde somit als Besetzung der Hauptrolle ausgewählt. All dies wurde auf Grund von Daten entschieden. „Wir wissen was unsere Nutzer auf Netflix ansehen und wir sind dazu in der Lage, auf Basis der Nutzungsgewohnheiten, mit hoher Treffgenauigkeit vorauszusagen, wie groß die Zielgruppe einer möglichen Serie ist.", sagte Jonathan Friedland, Direktor für Kommunikation von Netflix, in einem Interview mit dem Magazin *Wired* aus dem Jahr 2013.[13]

Netflix wusste also schon vorab, dass viele Nutzer Filme, in denen David Fincher Regie führte, vom Anfang bis zum Ende ansahen. Sie wussten auch, dass die britische Version von *House of Cards* hohe Anzahlen an Zuschauern hatte. Und dass diejenigen, die die britische Version der Serie ansahen gleichzeitig Fans von Kevin Spacey und David Fincher sind. Die synergetische Wirkung dieser drei Faktoren wies folglich eine hohe Anzahl an potentiellen Zuschauern auf.

Der Kauf der Rechte an der Serie war mithin ein ausgeklügelter datengetriebener Schachzug des Unternehmens. Man war sich sicher, dass die Serie in dieser Besetzung auf große Zustimmung treffen würde. Und sie hatten recht: die Serie gewann mehrere Golden Globes und Emmy Awards, Kritiker feiern die Serie und sogar US-Präsident Barack Obama ist ein bekennender Fan.

---

[12] Eigene Übersetzung: „*When you perform analysis, make decisions, and take action based on deep insights about your custormers' behaviour – generated from billions of your company's customer transactions and interactions – you can be more responsive to individual and group preferences and sensitivities [...].*" (Larry Rosenberger, 2009, S. 33-34)

[13] Eigene Übersetzung: "*We know what people watch on Netflix and we're able with a high degree of confidence to understand how big a likely audience is for a given show based on people's viewing habits,*" *company communications boss Jonathan Friedland said.* (Baldwin, 2012)

Netflix setzte sein Wissen auch in der Bewerbung der Serie ein, denn es gab nicht nur ein Trailer, sondern zehn – angepasst an die jeweiligen Präferenzen: Fans von Kevin Spacey sahen einen Trailer mit ihm als Hauptperson; Frauen, die auch *Thelma und Louise* ansehen, bekamen einen Trailer serviert, der die weibliche Hauptrolle in den Mittelpunkt stellte und echten Filmliebhabern wurde ein Trailer präsentiert, der den Stil von David Fincher besonders hervorhob.

Dennoch sollte hinterfragt werden, ob sich die Investition wirklich gelohnt hat. Laut dem Aktionärsbericht aus dem ersten Quartal 2013, wurden allein in den USA mehr als zwei Millionen neue Abonnenten verbucht, dies war eine Steigerung von 7% im Vergleich zum vorherigen Quartal. Auf der restlichen Welt waren es eine weitere Million. Diese insgesamt drei Millionen Abonnenten allein, haben die Ausgaben für die Produktion beinahe wieder eingespielt. [14] Doch auch auf lange Sicht hat sich die Investition ausgezahlt. Gemäß einer Studie der Investmentfirma *Cowen and Co.* auf die sich David Liebermann in seinem Artikel *„'House Of Cards' Makes Netflix Subscribers More Loyal: Survey“* bezieht, gaben 86% der Nutzer an, dass es auf Grund der Serie *House of Cards* weniger wahrscheinlich ist, dass sie ihr Abonnement kündigen werden. (Liebermann, 2013)

Nach dem Erfolg von *House of Cards* folgten noch weitere Serien, die Netflix aufgrund Ihrer Analysen für eine gute Idee hielt und entsprechend der Kundenpräferenzen besetzt wurden: *Arrested Development, Orange Is The New Black, Bloodline* und *Narcos*, um nur einige wenige zu nennen.

Ähnlich verfährt Netflix auch bei der Auswahl der Filme, die es seinen Abonnenten zur Verfügung stellt. „Netflix sucht nach dem effizientesten Inhalt. Effizient bedeutet in diesem Zusammenhang, die Inhalte zu finden und zur Verfügung zu stellen, welche die maximale Zufriedenheit pro Dollar mit sich bringen", sagte John Ciancutti, ehemaliger Vice President des Produktmanagements.[15] Das bedeutet, es werden potentielle Zuschauerzahlen den entsprechenden Lizenzkosten gegenüber gestellt.

Jenny McCabe, Direktorin der globalen Media Relations, geht noch einen Schritt weiter und sagt: „Wir werden immer auf das detaillierte Wissen aus Daten und Analysen über das Nutzungsverhalten unserer Abonnenten zurückgreifen, um zu entscheiden, was wir auf Netflix einstellen. Wenn unsere Abonnenten weiterhin Serien und Filme gucken, die uns Aufschluss über die Präferenzen geben, werden wir weiter Inhalte zur Verfügung stellen, die sie lieben."[16]

---

[14] In Anlehnung an: (Netflix Inc., 2013)
[15] Eigene Übersetzung: *As John Ciancutti, former VP of Product Engineering (now at Facebook), says: Netflix seeks the most efficient content. Efficient here meaning content that will achieve the maximum happiness per dollar spent.* (Bulygo, 2013)
[16] Eigene Übersetzung: *We always use our in depth knowledge (aka analytics and data) about what our members love to watch to decide what's available on Netflix... If you keep watching, we'll keep adding more*

17

Es lässt sich also sagen, dass Netflix informierte Entscheidungen auf Basis von Big Data fällt. Analysen und Daten liefern Unternehmen eine fundierte Entscheidungsgrundlage und somit das Fundament für bessere Entscheidungen und überlegenere Produkte sowie Dienstleistungen – dies ist der entscheidende Vorteil im Vergleich zu denjenigen, die auf Intuition vertrauen und tun ‚was sich richtig anfühlt'.

---

of what you love. (Bulygo, 2013)

4 Schlussbemerkung

Big Data beinhaltet das Potenzial, dass aus Daten eine Hypothese abgeleitet und verifiziert werden kann. Dies kehrt den bisher dagewesenen Prozess um, denn üblicherweise werden Hypothesen in der Wissenschaft aufgestellt und anschließend durch Experimente oder Befragungen auf die Probe gestellt. Mit Hilfe von Big Data können nun Theorien und Modelle abgeleitet werden, für die es einen gewissen Grad der Bestätigung bzw. Validierung bereits gibt.

Das Thema Big Data und dessen Potenzial lässt sich an dieser Stelle nur in Teilaspekten darstellen, auch in vielen anderen Branchen hält das Thema bereits Einzug. So beispielsweise in der Automobilindustrie. Die Vision ist ein Fahrzeug, welches sich selbst diagnostiziert und nach Bedarf Werkstatttermine vereinbart.

„Fast zwei Drittel der Unternehmen erwarten, dass der Stellenwert von Big Data in ihrem Unternehmen in den kommenden drei Jahren an Bedeutung gewinnen wird – darunter auch 13 Prozent, die eine stark zunehmende Bedeutung für ihr Unternehmen prognostizieren." (BITKOM Research GmbH im Auftrag der KPMG AG Wirtschaftsprüfungsgesellschaft, 2015, S. 50)

Um sich zukunftsfähig zu halten, müssen Unternehmen konkrete Maßnahmen zur Analyse von Daten erarbeiten. Es sollten Ziele der Datenanalyse festgelegt werden, die mit dieser Strategie erreicht werden sollen. Schließlich sollte in Abhängigkeit von den Zielen der passende technologische Ansatz gewählt werden. Dabei gilt es, sich auf die Bereiche zu konzentrieren, die den größten Nutzen versprechen. „Big Data und Realtime Computing stehen für bessere Entscheidungen, bessere Prozesse und bessere Produkte – in der Automobilindustrie wie in anderen Branchen." (Faisst, 2014)

Literaturverzeichnis

Baldwin, R. (29. November 2012). Netflix Gambles on Big Data to Become the HBO of Streaming. *WIRED*.

BITKOM Bundesverband Informationswirtschaft, Telekommunikation und neue Medien e. V. (2012). *Big Data im Praxiseinsatz – Szenarien, Beispiele, Effekte.*

BITKOM Bundesverband Informationswirtschaft, Telekommunikation und neue Medien e. V. (2014). *Big-Data-Technologien – Wissen für Entscheider.*

BITKOM Research GmbH im Auftrag der KPMG AG Wirtschaftsprüfungsgesellschaft. (2015). *Mit Daten Werte schaffen - Report 2015.* KPMG AG Wirtschaftsprüfungsgesellschaft.

Bulygo, Z. (September 2013). *Kissmetrics Blog – A Blog about Analytics, Marketing and Testing.* Abgerufen am 08. Februar 2016 von https://blog.kissmetrics.com/how-netflix-uses-analytics/

Carr, D. (24. Februar 2013). *The New York Times.* Abgerufen am 11. Dezember 2015 von www.nytimes.com: http://nyti.ms/X78h3u

Dr. Klaus Stricker, D. R. (2014). *Big Data revolutioniert die Automobilindustrie – Neue Möglichkeiten der Markendifferenzierung.* München: Bain & Company Germany, Inc.

Faisst, D. W. (2014). Studie: Big Data revolutioniert die Automobilindustrie – Neue Möglichkeiten der Markendifferenzierung. (I. Bain & Company Germany, Interviewer)

Fichter, A. (02. Oktober 2014). *www.zeit.de.* Abgerufen am 10. Dezember 2015 von ZEIT ONLINE: http://www.zeit.de/2014/39/netflix-deutschland-video-on-demand-streaming

Larry Rosenberger, J. N. (2009). *The Deciding Factor - The Power of Analytics to Make Every Decision a Winner.* San Francisco, Kalifornien, USA: Jossey-Bass.

Liebermann, D. (19. Februar 2013). *DEADLINE.* Abgerufen am 7. Februar 2016 von http://deadline.com/2013/02/house-of-cards-netflix-subscribers-loyalty-survey-433784/

Netflix Inc. (2013). *Aktionärsbericht Q1 2013.*

Ronald Bachmann, G. K. (2014). *Big Data – Fluch oder Segen? Unternehmen im Spiegel gesellschaftlichen Wandels* (1. Ausg.). Heidelberg; München; Landsberg; Frechen; Hamburg, Deutschland: mitp.

Russel Glass, S. C. (2015). *The Big Data driven Business – How to use Big Data to win customers, beat competitors, and boost profits.* Hoboken, New Jersey, USA: John Wiley & Sons.

Wolfgang Jaspers, G. F. (07. Februar 2011). *Entscheidungsstrategien in der BWL: Case Studies für Studium und Praxis.* München: Oldenbourg Verlag.

Xavier Amatriain, J. B. (6. April 2012). *Techblog Netflix.* Abgerufen am 28. Dezember 2015 von http://techblog.netflix.com/2012/04/netflix-recommendations-beyond-5-stars.html

Xavier Amatriain, J. B. (20. Juni 2012). *Techblog Netflix.* Abgerufen am 28. Dezember 2015 von http://techblog.netflix.com/2012/06/netflix-recommendations-beyond-5-stars.html

BEI GRIN MACHT SICH IHR WISSEN BEZAHLT

- Wir veröffentlichen Ihre Hausarbeit, Bachelor- und Masterarbeit

- Ihr eigenes eBook und Buch - weltweit in allen wichtigen Shops

- Verdienen Sie an jedem Verkauf

Jetzt bei www.GRIN.com hochladen
und kostenlos publizieren